U0112317

BIOGRAPHIC
HEMINGWAY

海明威传

[英]杰米·庞弗里 著
Jamie Pumfrey

李宁 译

重庆大学出版社

海明威传

HAIMINGWEI ZHUAN

［英］杰米·庞弗里　著

李宁　译

BIOGRAPHIC
HEMINGWAY

by Jamie Pumfrey

图书在版编目（CIP）数据

海明威传 /（英）杰米·庞弗里（Jamie Pumfrey）著；李宁译 .-- 重庆：重庆大学出版社，2022.7

（50 个标签致敬大师丛书）

书名原文：BIOGRAPHIC: HEMINGWAY

ISBN 978-7-5689-3310-0

I .①海 ...　II .①杰 ...②李 ...　III .①海明威（Hemingway, Ernest 1899-1961）– 传记　IV.

① K837.125.6

中国版本图书馆 CIP 数据核字（2022）第 112774 号

版贸核渝字（2021）第 077 号

Text © Jamie Pumfrey，2019，Copyright in the Work © GMC Publications Ltd, 2019

This translation of Biographic Hemingway is published by arrangement with Ammonite Press an imprint of GMC Publications Ltd.

策划编辑：张菱芷

责任编辑：张菱芷　　　　装帧设计：琢字文化

责任校对：邹　忌　　　　责任印制：赵　晟

*

重庆大学出版社出版发行

出版人：饶帮华

社址：重庆市沙坪坝区大学城西路 21 号

邮编：401331

电话：（023）88617190　88617185（中小学）

传真：（023）88617186　88617166

网址：http://www.cqup.com.cn

邮箱：fxk@cqup.com.cn（营销中心）

全国新华书店经销

重庆新金雅迪艺术印刷有限公司印刷

*

开本：889mm×1194mm　1/32　印张：3　字数：155 千

2022 年 7 月第 1 版　2022 年 7 月第 1 次印刷

ISBN 978-7-5689-3310-0　定价：48.00 元

目录

标志性

当我们可以通过一系列标志性图像辨识出一位作家时，我们就能意识到，这位作家和他的作品对我们的文化和思想产生了多么深刻的影响。

介绍

作家、小说家、记者、编辑、战地记者、诗人、剧作家、救护车司机、战争英雄、猎杀大型动物的猎人、深海渔夫、诺贝尔奖和普利策奖得主、酒鬼、音乐家、拳击手、滑雪者、水手、花花公子、美国总统罗斯福（Roosevelt）和古巴最高领导人卡斯特罗（Castro）的朋友、西班牙内战右翼军人佛朗哥（Franco）的敌人、"迷惘的一代"的成员——欧内斯特·海明威（Ernest Hemingway）的身份如此之多，且远不止于此。

海明威从骨子里热爱冒险，他是一个行动派——冲锋在战争的前线，冒着枪林弹雨，被子弹、炮弹数次击中；驾驶自己的渔船捕杀鲨鱼，侦查德国 U 型潜艇。海明威用这些经历作为他小说的素材，再加上引人入胜的新闻体写作风格，他获得了大众的关注，赢得了商业成功和评论界的口碑。

生活总是让我们遍体鳞伤，但到后来，那些受伤的地方让我们变得更加强壮。

——海明威
《永别了，武器》（*A Farewell to Arms*）
1929 年

海明威在伊利诺伊州的芝加哥长大，在父母的影响下充满创造力，勇于冒险。海明威会拉大提琴，酷爱射击和钓鱼。在课堂上，他表现出语言天赋；在运动场上，他展现出对拳击的热爱，并将这份热爱延续了一生。高中毕业后，海明威的第一份工作是报社记者，正是这份工作教会了他如何使用简洁明快的文体写作——如删去形容词——从而奠定了他的标志性写作风格。仅仅6个月后，他就辞职参加了第一次世界大战，去追逐成为英雄的天真梦想。在意大利战场受伤后回到家乡，海明威已经完全变了一个人——这场充满死亡和毁灭的经历让他对这个世界有了自己独特的看法。

但真正把海明威从平凡变成非凡的是法国。1921年9月，他与哈德莉·理查森（Hadley Richardson）结婚，4个月后，他们在巴黎的拉丁区定居。海明威对早年欧洲生活的回忆透露出贫穷和绝望，但事实上，他们生活得相当舒适。由于战争对经济的影响，对于外国人来说在巴黎的生活物美价廉。海明威的周围都是来自美国的侨民，包括作家F. 斯科特·菲茨杰拉德（F. Scott Fitzgerald）和格特鲁德·斯泰因（Gertrude Stein）。因为对战后生活感到幻灭和失望，这些作家很难找到自己的身份，他们便将自己描述为"迷惘的一代"——在这样的迷惘挣扎中诞生了一个伟大的艺术和文学流派。在斯泰因的鼓励下，同时在画家巴勃罗·毕加索（Pablo Picasso）和诗人埃兹拉·庞德（Ezra Pound）等人的直接影响下，海明威开始写小说，并逐渐成为一个家喻户晓的大文豪。

海明威经历过四次婚姻，因为总是不满足于循环往复的日常生活，他很少长时间地待在一个地方。海明威在1950年写道："写作和旅行即便不能开阔你的眼界，也能让你的屁股挪个窝。"无论是在他作为战地记者的时候，还是在他的私人生活中，海明威在世界各地的游历都影响了他的写作。在西班牙，海明威观看斗牛，经历了西班牙内战，这些都影响了他的作品《太阳照常升起》（The Sun Also Rises）和《丧钟为谁而鸣》（For Whom the Bell Tolls）。在法国，他报道了两次世界大战，并帮助巴黎从纳粹手中解放出来，作品《过河入林》（Across the River and into the Trees）和《流动的盛宴》（A Moveable Feast）就折射了这段经历。在古巴，他与革命者交上了朋友，其间创作的《老人与海》（The Old Man and the Sea）获得了诺贝尔奖和普利策奖。在非洲，他猎杀大型动物，经历了两起飞机坠毁事件，成就了作品《非洲的青山》（Green Hills of Africa）。

介绍

在他生命的最后几年，海明威不计后果的鲁莽过往开始令他疾病缠身。他一直受到旧伤带来的痛苦折磨——9 次脑震荡、多处枪伤、多处骨折和器官破裂——同时还伴随着精神疾病。为了治疗抑郁症，海明威接受了电休克疗法，但代价是记忆力遭到破坏，他发现自己丧失了写作的能力。海明威在抑郁症恶化后，步其父亲的后尘吞枪自杀。他的一个弟弟和一个妹妹后来也相继死于自杀。

海明威的性格犹如一枚硬币的两面。一面是嗜酒成性的花花公子，喜欢斗牛、打猎和拳击，充满活力，是男人中的男人，同时还是文学界的偶像、20 世纪的英雄。另一面则是脆弱、缺乏安全感的作家，备受酒瘾和精神疾病的折磨。海明威屡屡对感情不忠，抛弃家人，与朋友闹翻。传奇的故事往往来源于真实的人生，并随着时间的推移慢慢被美化。海明威一直都是个擅长讲述故事的文豪，他运用宏大的叙事形式将他本人的真实经历编织在虚构的人物和事件中。但是，当你审视这位美国最杰出的作家非凡的一生时，你很难理解他有什么必要如此劳心费力地编故事——他的一生本身就是最好的故事。

男人的生活是我所知道的最为复杂的话题，因为我是一个男人。

——海明威
《瞭望》杂志《圣诞礼物》（the Christmas Gift）
1954 年

欧内斯特·海明威

01
生活

"一本书最精彩的部分可能来自幸运的作者道听途说的故事，但也可能是不幸的作者真实生活的残骸。这两种都很棒！"

——海明威，节选自写给 F. 斯科特·菲茨杰拉德的一封信，1929 年

欧内斯特·米勒·海明威

1899 年 7 月 21 日
出生于美国伊利诺伊州的橡树园

海明威是家里 6 个孩子中的老二，他的父亲克拉伦斯·埃德蒙兹·海明威（Clarence Edmonds Hemingway）是医生，母亲格蕾丝·霍尔（Grace Hall）是音乐家和艺术家。海明威的父母受过良好的教育，受人尊敬，是坚定的爱国者，他们恪守传统的基督教价值观，是典型的美国中产阶级。

尽管海明威的作品具有高度的自传性质，但他很少描写自己的童年。每年夏天，海明威一家都会到美国密歇根州北部沃伦湖（Walloon Lake）的夏季别墅度假，父亲就在那里鼓励小海明威去打猎、捕鱼。在家里，母亲教他拉大提琴，并和兄弟姐妹一起举办音乐会。尽管海明威很有音乐天赋，并花了很多时间练习，但他觉得自己与音乐无缘，说自己拉琴的时候会走神，去构思那些后来让他功成名就的故事。

伊利诺伊州

橡树园

位于芝加哥市中心以西仅 9 英里（约 15 千米）的橡树园，是一个富有魅力的村庄，当地人民非常保守。海明威的家是一座建于 1890 年维多利亚时期的豪宅，他们家在芝加哥市郊是第一个用上电的。

美国伟大的建筑师兼设计师弗兰克·劳埃德·赖特（Frank Lloyd Wright, 1867—1959）同样出生在橡树园。橡树园有 25 座由赖特设计的建筑，是世界上拥有他最多作品的地方。

生活

15

美国

美西战争正式结束。

英国

维多利亚女王为以她及其丈夫命名的维多利亚和艾尔伯特博物馆（Victorian and Albert Museum）举行奠基礼，这是女王的最后一次公开活动。

古巴

西班牙对古巴的统治结束。

法国

伽利尔摩·马可尼（Guglielmo Marconi）发明的无线电信号首次穿越英吉利海峡发送到法国。

南非

第二次布尔战争开始。

历史上的 1899 年

俄国

列夫·托尔斯泰（Leo Tolstoy）完成了他的最后一部小说《复活》（*Resurrection*）。

荷兰

首个《海牙公约》签署。

海明威生于 19 世纪末，这是一个世界范围内快速城市化、科学发现和技术迅猛发展的时期。物理和数学领域有了重大发展，人们突破了对电子科学单纯的求知探索，使之成为现代生活的一个重要部分。在欧洲，生活水平的提高使人口实现了翻番，从 2 亿人增加到 4 亿多人。与此同时，在大西洋彼岸，大规模的农业、国际贸易和铁路系统的扩张，使美国成为世界强国。1898 年的美西战争以西班牙帝国的崩溃结束，美国暂时控制了古巴、波多黎各、太平洋岛屿关岛和菲律宾。这样的世纪之交，预示了一个充满风险且脆弱的经济、社会和文化变革时期即将到来。

菲律宾

菲美战争在马尼拉打响。

澳大利亚

飓风"马希娜"（Mahina）袭击昆士兰，造成 300 多人死亡。这是澳大利亚历史上最致命的飓风。

海明威家族

Q

A   S   F

祖父
安森·泰勒·海明威
(Anson Tyler
Hemingway)
(1844—1926)

祖母
阿德莱德·埃德蒙兹·
海明威
(Adelaide Edmonds
Hemingway)
(1841—1923)

父亲
克拉伦斯·埃德蒙兹·
海明威
(Clarence Edmonds
Hemingway)
(1871—1928)

姐姐
马塞兰·海明威
(Marcelline
Hemingway)
(1898—1963)

**欧内斯特·米勒·
海明威**
(Ernest Miller
Hemingway)
(1899—1961)

妹妹
厄休拉·海明威
(Ursula Hemingway)
(1902—1966)

Z

V

第一任妻子
伊丽莎白·哈德莉·理查森
(Elizabeth Hadley
Richardson)
(1891—1979)

第二任妻子
保利娜·玛丽·法伊弗
(Pauline Marie Pfeiffer)
(1895—1951)

儿子
约翰·哈德利·尼卡诺·
杰克·海明威
(John Hadley Nicanor
'Jack' Hemingway)
(1923—2000)

儿子
帕特里克·米勒·海明威
(Patrick Miller
Hemingway)
(生于 1928 年)

儿子
格雷戈里·汉考克·海明威
(Gregory Hancock
Hemingway)
(1931—2001)

海明威的父母在读书时就是好朋友。1895 年，海明威的外祖母步入生命的最后一年，当时她的主治医生便是海明威的父亲克拉伦斯，此次与格蕾丝重逢后，二人很快就坠入爱河。为了这段感情，格蕾丝甚至放弃了渴望已久的去美国纽约接受歌剧演唱培训的机会。1896 年，他们结婚了，两年后，他们的第一个孩子出生，并随后生育了另外五个孩子。

外祖父
欧内斯特·米勒·霍尔
（Ernest Miller Hall）
（1840—1905）

外祖母
卡罗琳·汉考克·霍尔
（Caroline Hancock Hall）
（1843—1895）

母亲
格蕾丝·霍尔
（Grace Hall）
（1872—1951）

妹妹
玛德莱娜·海明威
（Madelaine Hemingway）
（1904—1995）

妹妹
卡萝尔·海明威
（Carol Hemingway）
（1911—2002）

弟弟
莱斯特·海明威
（Leicester Hemingway）
（1915—1982）

第三任妻子
莎·爱丽丝·盖尔霍恩
（Martha Ellis Gehorn）
（1908—1998）

第四任妻子
玛丽·韦尔仕
（Mary Welsh）
（1908—1986）

曾经有一段时间，海明威的家庭很幸福，但父亲克拉伦斯因为一系列失败的财务投资和持续的健康问题而变得抑郁沮丧，他自杀的时候，最小的儿子莱斯特才 13 岁。父亲去世后，母亲格蕾丝成为了一名成功的画家，创作的艺术品多达 600 余件。同时，她还是一名女权运动者。起初，海明威为母亲提供经济帮助，但在两人都把克拉伦斯的死归咎于对方之后，他们的关系开始恶化，后来海明威甚至拒绝参加母亲的葬礼。

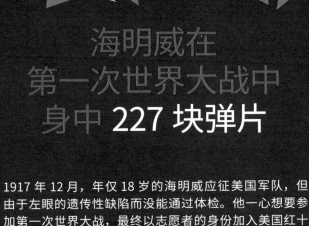

海明威在
第一次世界大战中
身中 227 块弹片

1917 年 12 月，年仅 18 岁的海明威应征美国军队，但由于左眼的遗传性缺陷而没能通过体检。他一心想要参加第一次世界大战，最终以志愿者的身份加入美国红十字会，被派到意大利军队当救护车司机，7 个月后抵达巴黎。

海明威在法国只待了几天，就被安置到意大利北部的一个名叫斯基奥（Schio）的小镇。就在他 19 岁生日的前两周，1918 年 7 月 8 日，海明威正在为战壕里的士兵派送巧克力，小镇被迫击炮击中。海明威受了重伤，腿上中了 200 多块弹片。值得一提的是，腿部重伤的海明威还救助了一名受伤的意大利士兵，拖着他到达安全地带，而在这期间他再次被敌人的子弹击中。海明威是第一批在意大利战场受伤的美国人，并因他的勇敢获得了军事英勇银质勋章（Silver Medal of Military Valor）。海明威在意大利的那段时间，包括在医院康复的六个月，以及与一位美国护士的一段失败的恋情，为他 1929 年的小说《永别了，武器》（*A Farewell to Arms*）提供了灵感来源。

四处游历的生活

1921

海明威在芝加哥遇到了前来拜访朋友的哈德莉·理查森。通信来往几个月后，他们于9月3日在密歇根的霍顿湾（Horton Bay）结婚。

1923

在欧洲的20个月里，海明威完成了95份报道，之后回到多伦多。同年十月迎来了第一个儿子约翰·哈德利的出生。

1920

海明威搬到多伦多，开始为《多伦多星报周刊》（*Toronto Star Weekly*）做自由撰稿人。

1923

海明威和埃兹拉·庞德前往意大利徒步旅行。

1920

海明威前往芝加哥，成为期刊《合作联邦》（*Cooperative Commonwealth*）的签约作家。

1922

海明威为希腊—土耳其战争（Greco-Turkish war）做报道，记录了被土耳其军队攻陷后的士麦那（Smyrna）①在熊熊大火中的惨烈状况。

1922

海明威以《多伦多星报》（*Toronto Star*）驻外记者的身份前往巴黎，在那里他遇到了包括格特鲁德·斯泰因（Gertrude Stein）、詹姆斯·乔伊斯（James Joyce）和埃兹拉·庞德（Ezra Pound）在内的很多作家。

- 加拿大
- 美国
- 法国
- 西班牙
- 古巴
- 土耳其
- 意大利
- 瑞士
- 巴哈马群岛

①士麦那即今天的土耳其第三大城市伊兹密尔（Izmir）。——译者注

1924

海明威从《多伦多星报周刊》辞职，同年，在文学月刊《大西洋彼岸评论》（*The Transatlantic Review*）上发表作品。

1926

海明威前往法国南部的普罗旺斯、尼姆、阿尔勒、阿维尼翁、博克斯、博镇和圣雷米旅行。

1927

海明威和哈德莉离婚。作为离婚协议的一部分，海明威将小说《太阳照常升起》的收益给了哈德莉。同年冬天他前往瑞士的格施塔德（Gstaad）滑雪，五月与保利娜·法伊弗结婚。

1929

海明威第六次参加西班牙潘普洛纳市的圣费尔明节（the Festival of San Fermin in Pamplona）。此次旅行为他的下一本书《死在午后》（*Death in the Afternoon*）带来了灵感。

1928

海明威离开巴黎前往佛罗里达的基韦斯特（Key West）。6月，他的第二个儿子帕特里克出生。12月，父亲克拉伦斯·海明威自杀。

1934

海明威买了一艘船，取名为"皮拉尔号"（Pilar），并在加勒比海学习航海。

1931

因为第三个儿子格雷戈里的出生，海明威回到了美国。

1932

海明威和朋友一起去古巴钓鱼。

1937

海明威前往西班牙为北美报业联盟（North American Newspaper Alliance）报道西班牙内战战况，并开始与玛莎·盖尔霍恩约会。

生活

多段情缘

海明威的一生中有 40 多年都与不同的女人保持着关系，但所有这些关系都是紧张的、痛苦的，最终都以背叛告终。他有过四次婚姻，对每一任妻子都不忠。尚在与第一任妻子哈德莉·理查森的婚姻期间，海明威便与记者保利娜·法伊弗开始了恋情，他甚至邀请保利娜跟他们夫妇一起去度假。第二次和第三次婚姻跟第一次一样，海明威屡次出轨。在他的回忆录《流动的盛宴》（*A Moveable Feast*）中，海明威满怀深情地追忆他与哈德莉的爱情，甚至试着为导致婚姻破裂的一些问题承担责任，但最终却把自己描绘成受害者。海明威的历任妻子都是有魅力、有智慧、有决心的女人，她们每个人都有自己的独特之处，永远不只是"海明威夫人"。

4 任妻子……

伊丽莎白·哈德莉·理查森
保利娜·玛丽·法伊弗
玛莎·爱丽丝·盖尔霍恩
玛丽·韦尔仕

3 次离婚

训练有素的钢琴家

记者

旅行作家、记者

记者

3 个孩子

与第一任妻子哈德莉
有一个儿子：约翰
与第二任妻子保利娜
有两个儿子：帕特里克
和格雷戈里

1920   1930

40 年期间仅有

7 个月处于未婚状态

出生在美国的妻子们

哈德莉和玛莎都出生在密苏里州的圣路易斯（St Louis）；保利娜出生在艾奥瓦州的帕克斯堡（Parkersburg）；玛丽出生在明尼苏达州的沃克（Walker）。

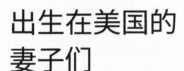

3 处房产

在与哈德莉和保利娜租下巴黎的公寓后，随着事业的发展，海明威分别在美国佛罗里达州、古巴哈瓦那和美国爱达荷州买了房子。

《太阳照常升起》 《死在午后》

《丧钟为谁而鸣》 《过河入林》

海明威为每一位妻子都写了一本书

感情时间线

海明威在 1921 年与哈德莉相遇，一年后结婚。婚后五年，他开始与保利娜·法伊弗关系密切。1927 年 5 月，保利娜成为海明威的第二任妻子。在报道西班牙内战期间，海明威与玛莎·盖尔霍恩展开了一段风流韵事，与保利娜离婚后，两人结婚。海明威与第三任妻子的关系最终还是走向破裂。此后，海明威开始与玛丽·韦尔仕交往，但彼时两人都还保持着各自的婚姻关系。

1940   1950   1960

死里逃生

1954 年，海明威和妻子玛丽在非洲乌干达观光时，遭遇了两起几乎致命的飞机坠毁事故。第一次事故发生在他们不得不紧急降落时，但他们几乎毫发无损，后来被英国皇家空军救起，但在起飞后不久，也就是第一次坠机后仅 48 小时，飞机又俯冲入地。虽然两人都受了重伤，但并非严重到让各家报刊头条过早地报道他们的死讯。令人惊讶的是，两次坠机生还后，海明威夫妇居然接受了第三次飞离非洲的建议。

第一次坠机

时间：	1954 年 1 月 23 日
原因：	为了避免撞上一群白鹮，飞机在低空飞行时挂上了一条废弃的电报线。
逃生：	在茂密的丛林中着陆后，海明威夫妇和飞行员在灌木丛中度过了一晚，之后被一艘经过的观光船所救。这艘船曾在 1951 年的电影《非洲女王号》① （The African Queen） 中使用过。
伤情：	玛丽两根肋骨骨折；海明威的脊椎、手臂和肩膀受伤。
$20 000	《瞭望》 （Look） 杂志支付 2 万美元买下此次飞机事故的独家报道权。文章是海明威撰写的，共 20 页，分两期出版。

①该电影由海明威非常喜欢的女演员凯瑟琳·赫本主演。——译者注

单引擎塞斯纳 180

《每日邮报》（*Daily Post*）头条

海明威在 48 小时内连续两次坠机并幸存！

第一次坠机地点

乌干达默奇森瀑布国家公园

第二次坠机地点

乌干达布蒂亚巴

第二次坠机

时间： 1954 年 1 月 25 日

原因： 起飞过程中，飞机轮子卡在了蚁丘和跑道尽头的灌木丛中，导致飞机向下坠落。

逃生： 玛丽和飞行员安然无恙地从窗户逃了出去。但海明威因为个头太大，无法从缝隙中穿过，被困在了飞机残骸中。在飞机起飞前不久，他用头撞门逃跑，头皮被划破。

伤情： 海明威的肾脏、脾脏和肝脏破裂，胳膊和腿扭伤，脊椎粉碎，头骨骨折，括约肌丧失活动能力，一度烧伤，头皮撕裂，暂时丧失听力和视力。

德·哈维兰迅龙 DH.89 运输机

属于世界的男人

1941 海明威到中国报道第二次中日战争①。

1952 海明威在《生活》（*Life*）杂志上发表了《老人与海》的完整版，随后获得普利策小说奖（the Pulitzer Prize for Fiction）。

1939 海明威和玛莎搬去古巴。他们先在两个世界酒店（Hotel Ambos Mundos）租了一个房间，然后在离哈瓦那12英里（约19千米）处购买了一座农舍。

1945 海明威和玛莎离婚。第二年，与玛丽·韦尔仕结婚，随后玛丽到了古巴。

1935	1940	1945	19

1945 因为出色的战争通讯报道，海明威被授予美国青铜星章（Bronze Star）。

1940 与保利娜离婚后，海明威和玛莎在美国怀俄明州的首府夏延结婚。

1944 海明威以驻外记者身份随军参加第二次世界大战；参加巴黎解放运动；遇到玛丽·韦尔仕。

1947

①即抗日战争——译者注

中国
美国
法国
西班牙
古巴
乌干达
瑞典

1956 海明威找到了留在巴黎丽兹酒店（Ritz）的两个箱子，里面装满了他早期的作品。这些成为《流动的盛宴》的素材。

1960 海明威离开古巴，搬到纽约，之后在凯彻姆定居。

1953 海明威前往非洲乌干达狩猎。1954年，他在接踵而至的两起飞机失事中受伤。

1959 海明威整个夏天都在西班牙观看斗牛，并根据这次旅行完成了他的最后一本书《危险的夏天》（*The Dangerous Summer*）。该书于海明威逝世后的1985年出版。

1955

1960

1965

1954 海明威荣获诺贝尔文学奖，原因是"他对叙事艺术的精通，最近在《老人与海》中得到极大体现，以及他对当代文体产生的巨大影响"。

1959 海明威斥资5万美元，在美国爱达荷州的凯彻姆买了一幢大房子和一片17英亩（约7万平方米）的土地。

1961 备受抑郁症折磨的海明威接受了电休克疗法。在最后一轮治疗的两天后，海明威吞枪自杀。

9 次
脑震荡

缝了 57 针

在一次车祸中，海明威撞破挡风玻璃被甩出了汽车，头皮撕裂。

右眼暂时性失明

缝了 9 针

在巴黎的时候，海明威意外地把天窗拉下来砸在了头上，他的前额因此留下了永久的伤疤。

- 枪伤
- 烧伤
- 骨折
- 器官破裂
- 感染或疾病
- 肌肉损伤
- 其他

耳鸣

肾脏破裂

脾脏破裂

被子弹击中睾丸

幸存者

海明威曾经说过："要写生活，首先你必须去生活。"海明威对此身体力行，他敢于冒险、冲动，面对挑战从不退缩，即使在第一次世界大战中身负重伤，他也认为这是一种积极的经历。海明威一身的伤病是他生活态度的证明，又或许，是他作为一个普通人不幸一面的剪影。

多处枪伤

在基韦斯特捕杀鲨鱼时射伤自己

身中 227 块
弹片

海明威传

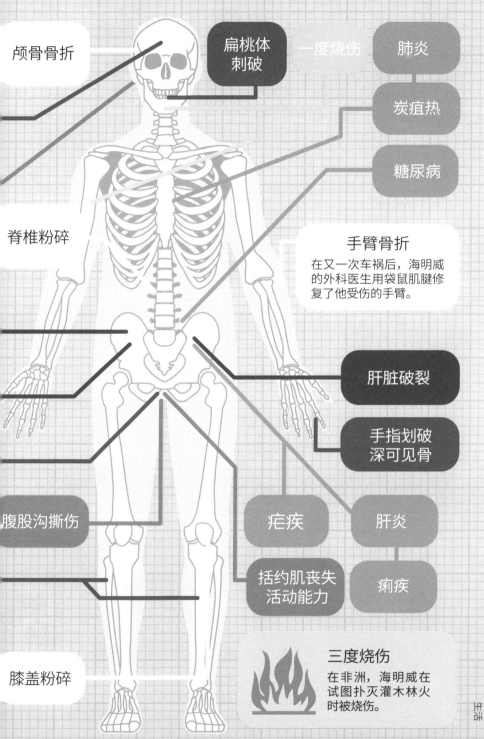

颅骨骨折

扁桃体刺破

一度烧伤

肺炎

炭疽热

糖尿病

脊椎粉碎

手臂骨折

在又一次车祸后，海明威的外科医生用袋鼠肌腱修复了他受伤的手臂。

肝脏破裂

手指划破深可见骨

腹股沟撕伤

疟疾

肝炎

括约肌丧失活动能力

痢疾

膝盖粉碎

三度烧伤

在非洲，海明威在试图扑灭灌木林火时被烧伤。

31

海明威之死

海明威 61 岁时用枪对准自己的头部开枪自杀。就在他自杀前两天，海明威刚刚结束了为缓解慢性抑郁症而接受的最后一次电休克治疗。在之前的几年里，他还遭受了很多身体上的疼痛和不适，这些疼痛和不适都是早年一些严重的伤害造成的。由于伤痛再加上电休克疗法，海明威无法清晰地思考，也无法进行写作。当应邀为总统约翰·F.肯尼迪（John F. Kennedy）的就职典礼写稿时，海明威连一句话都写不出来。

这种挫败反过来又引发了更严重的抑郁。1961 年 4 月，妻子玛丽发现海明威坐在厨房里，手里拿着一支猎枪和两枚子弹，后来又发现他试图扑向一架正在滑行的飞机，想要冲进它的螺旋桨。三个月后，玛丽一觉醒来，发现海明威的尸体就在后门附近，旁边是一支 12 号口径的双筒猎枪。

死于	终年
1961 年 7 月 2 日	**61 岁**

死因

自杀

海明威被葬在美国爱达荷州的凯彻姆公墓，他的家人在 1966 年为他竖立了纪念碑，碑文（见下图）取自他 1939 年写给一个朋友的悼词。

"如果我不能按照自己的意愿生活，那么我就没有了存在的必要。"

——海明威，1961 年 6 月

他最喜欢的是秋天
白杨树上的叶子都变黄了
鲑鱼游动的溪上漂浮着落叶
在群山之上
那高高的、蔚蓝的、无风的天空
……现在他将永远和它们融为一体

——海明威，爱达荷州，1939 年

海明威家族的四代人中有 5 人死于自杀

5
4

欧内斯特·海明威

02
世界

——海明威
《丧钟为谁而鸣》（*For Whom the Bell Tolls*）
1940 年

海明威的巴黎

巴黎是海明威的一部分，就像海明威是巴黎的一部分一样。海明威曾经写道："如果你年轻时有幸在巴黎生活过，那么在你的余生中，无论你去往哪里，它都会陪伴着你，因为巴黎是一场流动的盛宴。"海明威刚到巴黎的时候还很年轻，只有 22 岁。经过第一次世界大战的洗礼，巴黎成为世界文化之都——艺术、建筑、音乐、文学和时尚都繁荣蓬勃。这座城市对海明威的影响如此之大，以至于他最后一部作品便是一部关于巴黎的回忆录，内容如此详尽，尽管寥寥数句。但当读到这本书时，你几乎能感觉到自己的脚就踩在海明威刚来巴黎时所居住的勒穆瓦纳红衣主教大街（rue du Cardinal Lemoine）的鹅卵石上。1964 年出版的《流动的盛宴》是海明威写给巴黎的情书，书中浪漫地描述了波西米亚式的幸福生活。

在巴黎的家

1. 勒穆瓦纳红衣主教街 74 号
   与第一任妻子哈德莉在此居住（1922—1923）

2. 巴黎圣母院街 113 号
   与哈德莉在此居住（1924—1926）

3. 弗洛瓦德沃路 69 号
   与第二任妻子保利娜在此居住（1927）

4. 费鲁街 6 号
   与保利娜在此居住（1927—1928）

消遣之处

5. 笛卡尔街 39 号
海明威租下顶楼作为办公室。

6. 奥德翁街 12 号（莎士比亚书店）
这里是海明威、詹姆斯·乔伊斯和
F. 斯科特·菲茨杰拉德等有抱负的
作家的聚会场所。

7. 弗勒鲁斯街 27 号
这是格特鲁德·斯泰因的家，她是
艺术家巴勃罗·毕加索的赞助人，
也是海明威的导师。

8. 沃吉哈赫路 19 号（卢森堡博物馆）
海明威经常来此参观莫奈和塞尚
的画作。

酒吧

9. 多努街 5 号（哈利的纽约酒吧）
曾经是英格兰女王"血腥玛丽"
（Bloody Mary）的家，也是美国侨
民最喜欢的地方。

10. 坎本街 38 号（丽兹酒吧）
据说巴黎解放运动期间，海明威在
这里喝了 51 杯干马提尼酒。1994
年，这个酒吧被重新命名为"海明
威酒吧"。

11. 蒙帕纳斯大道 99 号（选择酒吧）
海明威把这家酒吧写进了他的第一
部小说《太阳照常升起》。

12. 蒙帕纳斯大道 171 号（丁香园酒吧）
早上，海明威会坐在酒吧的阳台上
写作；下午，他就在酒吧里喝酒。
《太阳照常升起》的部分章节在这
里完成。

13. 德兰布雷街 10 号（野狗酒吧）
海明威在这里第一次与 F. 斯科
特·菲茨杰拉德见面。

14. 圣父街 29 号（米肖酒吧）
有钱的时候，海明威就在这里大吃
一顿。这个酒吧同时也是作家詹姆
斯·乔伊斯（James Joyce）的最爱。

5

1

迷惘的一代

"迷惘的一代"一词由作家和诗人格特鲁德·斯泰因创造，后来被海明威在《太阳照常升起》中借用。"Une Génération Perdue"（"迷惘的一代"）这个词用来形容20世纪20年代居住在巴黎的那些对战后社会生活感到幻灭的作家、诗人、艺术家和音乐家。第一次世界大战摧毁了欧洲，许多人对诸如"荣誉""谦逊"等传统价值观提出了质疑，他们倾向于"不计后果"和"毫不克制"。不过，虽然他们不喜欢现实世界，但"迷惘的一代"也意识到他们正生活在一个大变革的时代，并在他们可以塑造的未来中找到希望。这群人对20世纪的艺术产生了巨大影响。

欧内斯特·海明威
（Ernest Hemingway）
（1899—1961）

西班牙画家、雕塑家
巴勃罗·毕加索
（Pablo Picasso）
（1881—1973）

美国作家、编剧
F. 斯科特·菲茨杰拉德
（F. Scott Fitzgerald）
（1896—1940）

法国作家、诗人
马克斯·雅各布
（Max Jacob）
（1876—1944）

西班牙画家
胡安·格里斯
（Juan Gris）
（1887—1927）

法国画家
乔治·布拉克
（Georges Braque）
（1882—1963）

法国画家
亨利·马蒂斯
（Henri Matisse）
（1869—1354）

爱尔兰作家
詹姆斯·乔伊斯
（James Joyce）
（1882—1941）

● 作家

● 诗人

● 艺术家

● 舞蹈家

38

格特鲁德·斯泰因
拥有 38 件
毕加索的作品

弗勒鲁斯街
27 号

英国诗人、剧作家
T. S. 艾略特
（T. S. Eliot）
（1888—1965）

美国作家
亨利·米勒
（Henry Miller）
（1891—1980）

美国诗人、评论家
埃兹拉·庞德
（Ezra Pound）
（1885—1972）

美国诗人
E. E. 卡明斯
（E. E. Cummings）
（1894—1962）

美国小说家、诗人、剧
作家、理论家和收藏家
格特鲁德·斯泰因
（Gertrude Stein）
（1874—1946）

美国舞蹈家
伊莎多拉·邓肯
（Isadora Duncan）
（1877/1878—1927）

英国小说家、评论家及编辑
福特·马多克斯·福特
（Ford Madox Ford）
（1873—1939）

美国作家
约翰·多斯·帕索斯
（John Dos Passos）
（1896—1970）

弗勒鲁斯街 27 号

格特鲁德·斯泰因每周在弗勒鲁斯街 27 号举办沙龙，文学和艺术界的重要人物聚集在
这里进行鉴赏和评论。斯泰因经常被称为"迷惘的一代之母"，如果没有她的指导，毕
加索和马蒂斯的画作，以及乔伊斯和菲茨杰拉德的文学作品就不会存在。斯泰因和海明
威的关系很不稳定——她曾经是海明威的导师和他儿子约翰的教母，后来却成为海明威
多部小说中被残忍羞辱的对象①。

①海明威在《流动的盛宴》中谈到斯泰因的喋喋不休、自视甚高，以及根本不了解所谓"迷惘的一代"的内心。——译者注

来自前线的报道

尽管海明威是因为他的小说而闻名的，但他却是作为一名战地记者而出道的，他的报道独一无二，坚持讲述真相高于一切。为了确保自己永远在第一线，海明威从不删减战场生活血淋淋的现实。1942 年，由海明威编辑并推荐的战争故事选集《战争中的男人》（Men at War）出版，该书旨在为美国加入第二次世界大战提供激情和理由。两年后，当战争冲突达到高潮时，海明威花了 10 个月的时间在英国和法国报道战事，尽管有风险，他还是亲身参与了许多重大事件，包括诺曼底登陆和解放巴黎运动。战争期间的经历对他影响深远，成为他众多重要作品的中心主题。

第一次世界大战（1914—1918）

海明威对第一次世界大战的参与以负伤住院而结束。这次的战争经历被他写进了两篇短篇小说，《士兵之家》（Soldier's Home）和《大双心河》（Big Two-Hearted River），以及一部长篇小说《永别了，武器》。

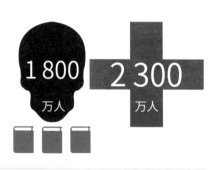

1 800 万人　2 300 万人

希腊-土耳其战争（1919—1922）

在成为一名出版作家之前，海明威于 1922 年作为《多伦多星报》的记者前往土耳其，报道希腊-土耳其战争。海明威总共写了 20 篇关于希土战争的报道。

20 万人　12.5 万人

土耳其　希腊

50 万人　150 万人

土耳其　希腊

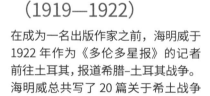

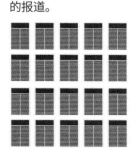

西班牙内战
（1936—1939）

100
万人

50
万人

海明威报道了内战双方的敌对情况（共 31 篇通讯）；为一部支持共和党的宣传电影《西班牙大地》（*The Spanish Earth*）写解说词；为西班牙救护车基金筹集资金；写了一个剧本《第五纵队》（*The Fifth Column*）。这次战争经历为海明威 1940 年的小说《丧钟为谁而鸣》提供了创作灵感。

2 600
万人

9 500
万人

第二次中日战争
（1937—1945）

海明威唯一的一次亚洲之行是受 *PM* 杂志委派报道第二次中日战争。在这次任务中，海明威沿途未经过任何战场。

第二次世界大战
（1939—1945）

7 000 万
—
8 500 万人
相当于
世界人口的
3%

1944 年，海明威离开古巴前往欧洲报道第二次世界大战；在伦敦停留时，他在一场车祸中受了重伤；在法国，他为《科利尔》杂志（*Collier's magazine*）写了 7 篇文章。人们普遍认为海明威 1950 年创作的小说《过河入林》就反映了他在这场战争中所见到的暴行。

死亡

受伤

难民

当海明威不写作，也不在酒吧度日的时候，他手里拿着的不是鱼竿就是一把来复枪。3岁时，他学会了钓鱼和摆弄枪支；一年后，他开始陪父亲去打猎；成人后，他热衷于在非洲狩猎大型动物和去深海捕鱼，他经常驾着他的"皮拉尔号"船引钓马林鱼和金枪鱼。在加勒比海度过的岁月使海明威的垂钓技巧突飞猛进，1935年，他赢下了佛罗里达基韦斯特、古巴哈瓦那和巴哈马比米尼的所有垂钓比赛。在哈瓦那生活期间，海明威组织了一年一度的马林鱼钓鱼比赛（现在被称为国际海明威钓鱼锦标赛），并赢得前三届的冠军。1960年，古巴总理菲德尔·卡斯特罗（Fidel Castro）将这一头衔带回了家。在比赛中，海明威不太关注杀死猎物，而更加在意狩猎的快感，即猎手与猎物之间相互较量所产生的刺激。

海明威 1930 年在非洲狩猎旅行的花费

2 万美金

海明威在追逐迁徙的角马时射杀了

35 头鬣狗

狩猎
与
捕鱼

1938 年，海明威在一天之内钓到了

7 条马林鱼

创下了当年的世界纪录

"我有两个发展得很好的天赋：深海捕鱼……以及用来复枪射击。"

——海明威，1934 年

长达 12 英尺 8 英寸（约 3.9 米）的马林鱼

这是海明威在古巴仅用鱼竿和鱼线钓起来的当年最大的一条马林鱼。

五种大型动物

1933 年，海明威前往非洲寻找更大的猎物。五种大型动物——狮子、猎豹、水牛、犀牛和大象——是前动物保护时代狩猎活动中最能激发猎人成就感的猎物，虽然海明威是个狂热的猎手，但他对大象没有表现出太大的兴趣，他说它们"太重要，太高贵了"。

肯尼亚荣誉狩猎监督官
（Honorary Game Warden of Kenya）

海明威在 1954 年获此殊荣

海明威在一次长达 3 个月的钓鱼活动中钓起来

54 条剑鱼

蓝鳍金枪鱼

每明威用机关枪向水中扫射，以防止"苹果核"（apple-coring）①，即防上鲨鱼抢食已上钩的鱼。

海明威曾在一天之内钓起来

147 条虹鳟鱼

①鲨鱼抢食的行径一般被称为"apple-coring"，即像啃苹果啃得只剩一个核一样，啃掉渔夫好不容易钓到的鱼。——译者注

海明威的船

1934 年，在从非洲回佛罗里达基韦斯特的途中，海明威夫妇在纽约遇到了《时尚先生》（*Esquire*）杂志的编辑阿诺德·金里奇（Arnold Gingrich）。后者为海明威预付了 3 000 美元，聘请他为杂志写稿。海明威立马就用这笔钱作为首付，买下了纽约科尼岛惠勒造船厂（the Wheeler Shipyard in Coney Island）的一艘渔船。海明威在佛罗里达的迈阿密申请了执照，给这艘船命名为"皮拉尔号"，随即驶往加勒比海。"皮拉尔号"成为海明威的避难所，在接下来的 26 年里，无论是在海明威成功的辉煌期还是暗淡的衰退期，这艘船始终陪伴着他。临终时，海明威把"皮拉尔号"留给了大副格雷戈里奥·富恩特斯（Gregorio Fuentes），他是《老人与海》中主人公的灵感来源。

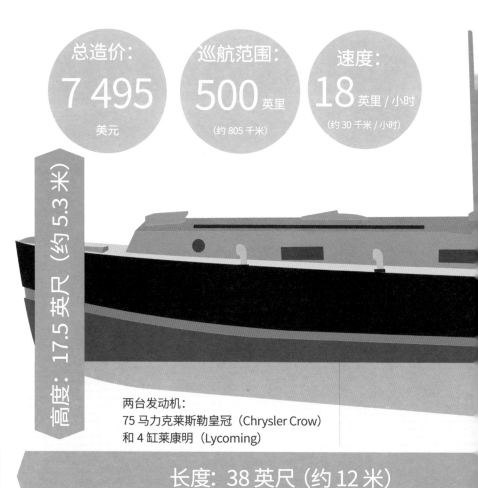

总造价：
7 495
美元

巡航范围：
500 英里
（约 805 千米）

速度：
18 英里 / 小时
（约 30 千米 / 小时）

高度：17.5 英尺（约 5.3 米）

两台发动机：
75 马力克莱斯勒皇冠（Chrysler Crow）
和 4 缸莱康明（Lycoming）

长度：38 英尺（约 12 米）

海明威在"皮拉尔号"上的传奇经历

因为长时期在阳光下暴晒，海明威留起了胡子（后来成了他的一个标志），以防止皮肤被晒痛。

第二次世界大战期间，海明威用汤普森冲锋枪和手榴弹武装自己，在古巴周围水域巡逻，侦查德国的 U 型潜艇。

海明威在尝试枪杀一条鲨鱼时滑倒，不小心射中了自己的双腿。

安装了控制台的轮船驾驶台

把用来拉鱼的木制滚筒做成了

6 个铺位

双舵

古巴！★

1932 年，海明威在古巴度夏，享受岛上的宁静。1940 年，他定居古巴，当时该国正处于政治进步时期。他在古巴的家是一个大种植园，坐落在可以俯瞰哈瓦那的山上，取名"瞭望山庄"（Finca Vigía）。海明威在古巴的生活非常舒适，他的创作多产而顺利，《丧钟为谁而鸣》《老人与海》都在这里完成，他也成为了一个哈瓦那人。1953 年，一位名叫菲德尔·卡斯特罗的年轻革命者发动了一场政治起义，后来演变为古巴革命。尽管美国和古巴的关系开始恶化，海明威还是留下来支持卡斯特罗。20 年后的 1960 年，海明威离开古巴回到美国，原因不详。从此他再也没有回到古巴，但总是把自己称为"Cubano Sato"——一个普通的古巴人。

"瞭望山庄"二三事

离哈瓦那 **12** 英里 （约 19 千米）	**15** 英亩 （约 6 万平方米）农田
最开始的租金为每月 **100** 美元	1940 年海明威买下一家农场，耗资 **12 500** 美元
图书馆至今藏书逾 **9** 千册	墙上挂着西班牙艺术家胡安·米罗（Joan Miró）、胡安·格里斯以及法国画家乔治·布拉克的画作。

哈瓦那

古巴最大的码头以这位
伟大的作家的名字命名，
"海明威码头"（Marina
Hemingway）可以容纳

400 艘船

码头上矗立的海明
威雕像是用熔化的
船只螺旋桨建成的。

海明威把他的诺贝
尔奖金捐给了哈瓦那东部的
一个村庄科吉马尔村的渔民，
同时把诺贝尔奖章献给了慈善圣
母教堂（the Church of Our Lady of
Charity）的古巴守护神。1986 年，
奖章被盗，但在菲德尔·卡斯特
罗发出追缴的最后通牒后，
失窃的奖章很快被追回。

两个世界
酒店

该酒店是海明威在哈瓦那
的第一个住所。1932 年
至 1940 年间，他经常住
在这里。

房价为　海明威所住的

1.5　511 号房

美元 / 每晚　现在成了一个
博物馆

潘普洛纳

西班牙

潘普洛纳
奔牛节

01

圣多明各街

02

商业街

自 1924 年以来共

15 人

在奔牛节中丧生

公牛奔跑速度：

每小时 **15~35** 英里
（约 24~56 千米 / 小时）

公牛重量：

1 300 磅
（约 600 千克）

海明威传

48

1923 年，海明威在西班牙圣费尔明节 (San Fermin) 上第一次看到奔牛活动。他在《多伦多明星周刊》上写道，他对这个节日非常着迷，"音乐震耳欲聋，烟花在天上绚烂绽放。相比之下，我看过的所有狂欢节都黯然失色了"。这次经历深深地影响了海明威，他在 1924 年、1925 年、1926 年、1927 年、1929 年、1931 年、1953 年和 1959 年八次重返圣费尔明节。不过，尽管海明威是出了名的爱冒险，但他从未参加过奔牛运动。第三次参加圣费尔明节后，海明威开始创作他的第一部小说《太阳照常升起》，这本书便是根据他那一年在潘普洛纳的经历写成的。这部小说使海明威一夜成名，并使这个西班牙城市及其奔牛运动名扬于世。海明威在西班牙的经历为他在 1932 年出版的小说《死在午后》提供了灵感，这部小说被广泛认为是描写斗牛的最好的书之一。

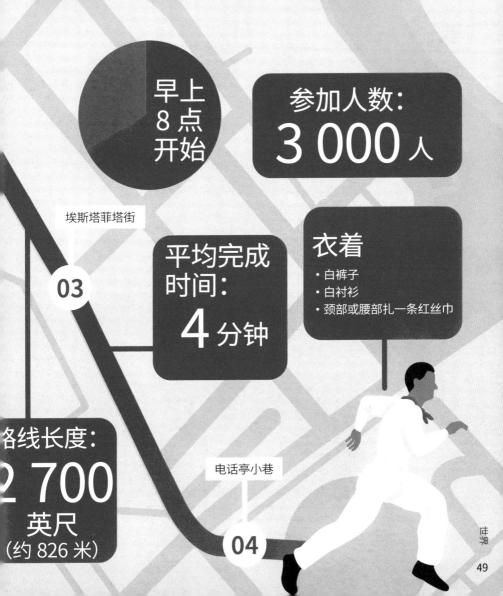

早上
8 点
开始

参加人数：
3 000 人

埃斯塔菲塔街

03

平均完成
时间：
4 分钟

衣着
· 白裤子
· 白衬衫
· 颈部或腰部扎一条红丝巾

各线长度：
2 700
英尺
（约 826 米）

电话亭小巷

04

越来越大的酒瘾

海明威喜欢喝酒已经不是什么秘密。从稚嫩的 15 岁开始，到了 19 岁的时候海明威已经每天都离不开酒了。无论是战争的创伤，还是倍受一个充满活力和热爱交际的城市的影响，海明威的酒瘾有增无减。1942 年住在哈瓦那时，海明威曾一口气喝光了 17 杯双份的冰冻代基里酒（double frozen daiquiri），又名"爸爸的渔船鸡尾酒"（Papa Doble）。类似的酗酒行为经常发生，直到 1950 年，他的健康每况愈下，医生嘱咐他完全戒掉酒精，海明威却把这句话的意思理解为将每天的摄入量减少到一升葡萄酒和鸡尾酒。海明威经常一边做事一边一瓶接一瓶地喝香槟、杜松子酒和苦艾酒，但他最喜欢的烈性酒还是简单的苏格兰威士忌加苏打水。

杜松子酒
（GIN）

F. 斯科特·菲茨杰拉德
的最爱

啤酒
（BEER）

牛津大学古英语学家、作家
J. R. R. 托尔金
（J. R. R. Tolkien）
的最爱

薄荷朱利酒
（MINT JULEP）

美国作家
威廉·福克纳
（William Faulkner）
的最爱

马丁尼
（MARTINI）

美国散文家
E. B. 怀特
（E. B. White）
的最爱

玛格丽塔
（MARGARITA）

美国作家
杰克·凯鲁亚克
（Jack Kerouac）
的最爱

苦艾酒
（ABSINTHE）

苏格兰作家
奥斯卡·王尔德
（Oscar Wilde）
的最爱

威士忌
（WHISKY）

英国诗人
迪伦·托马斯
（Dylan Thomas）
的最爱

雪利酒
（SHERRY）

美国黑人作家、诗人
马娅·安杰卢
（Maya Angelou）
的最爱

文豪们最爱的酒

螺丝刀鸡尾酒
（SCREWDRIVER）

美国作家
杜鲁门·卡波特
（Truman Capote）的最爱

苏格兰威士忌
（SCOTCH）

美国作家
亨特·S. 汤普森
（Hunter S. Thompson）的最爱

苏格兰威士忌加苏打水
（SCOTCH & SODA）

海明威的最爱

海明威的猫

海明威很喜欢猫，在古巴的瞭望山庄里养了几十只猫。当他住在佛罗里达的基韦斯特时，一位船长送给他一只有 6 个脚趾的猫，名叫雪球（由遗传异常引起的多指畸形）。如今，在佛罗里达的海明威故居博物馆（Hemingway House Museum）里自由地生活着 54 只多趾猫，它们都是雪球的后代。根据海明威的遗嘱，这些猫得到了很好的保护和照顾。2017 年，飓风"伊尔玛"（Irma）袭击了基韦斯特岛，居民们被命令离开，但博物馆的工作人员却为了照顾这些小生灵留了下来。最后博物馆和猫都毫发无损。

> 海明威故居博物馆里生活着 54 只多趾猫

普通的猫　　　多趾猫

世界

5 件关于
海明威的事

拳击

海明威年轻的时候是一名成功的业余拳击手。后来，他在基韦斯特家中的花园里建了一个拳击台。他无数次描写过关于拳击的故事，还曾教诗人庞德打拳。

FBI

FBI 绝密

20 世纪 40 年代，美国联邦调查局局长 J. 埃德加·胡佛对海明威实施了监视，因为海明威选择移居古巴。他被怀疑走私枪支，向古巴政府军提供情报，同时还与苏联人关系亲密。

60 岁生日

海明威过了一个极其隆重的 60 岁生日。生日庆祝会在西班牙举行了两天——香槟从法国空运而来；食物来自英国，现场请来了弗拉明戈舞蹈队、嘉年华摊位和管弦乐队；客人包括意大利皇室和印度的库奇比哈尔王公（Cooch Behar）。烟花表演太过热闹，甚至引燃了附近的一棵棕榈树。

面对质疑

1937 年，作家马克斯·伊斯曼（Max Eastman）写了一篇关于《死在午后》（*Death in the Afternoon*）的负面评论，其中有这样一句："从你胸口上的假毛后面走出来，海明威。"感到自己的男子气概受到了质疑，海明威冲进伊斯曼的办公室，要求两人脱掉衬衫，看看谁的胸毛更多。遭伊斯曼拒绝后，海明威用《死在午后》这本书扇了他一巴掌。

反复修改

1958 年，海明威在接受《巴黎评论》（*The Paris Review*）采访时透露，他把《永别了，武器》的结尾"重写了 39 遍才满意"。然而，在他死后，人们发现这部小说实际上有 47 种不同的结尾。

欧内斯特 · 海明威

03
工作

"我决定把
一件事都写

戈所知道的每

戈一篇故事。"

——海明威
《流动的盛宴》（*A Moveable Feast*）
1964 年

工作

海明威的作品

海明威的第一本书是一本短篇小说集和诗集，出版于 1923 年，当时他仅 24 岁。海明威一生写了很多短篇小说和诗歌，但真正使他声名鹊起的是他的长篇小说和非虚构类作品。在二三十岁的时候，海明威的写作得心应手，但是随着身心健康的每况愈下，他的作品也越来越少。在海明威去世之后，他的家人整理出版了他的一些作品。

10 部 长篇小说
6 部 非虚构类作品
70 篇 短篇小说

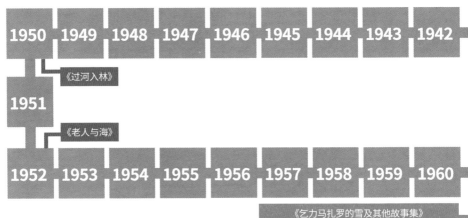

| 1950 | 1949 | 1948 | 1947 | 1946 | 1945 | 1944 | 1943 | 1942 |

《过河入林》

1951

《老人与海》

| 1952 | 1953 | 1954 | 1955 | 1956 | 1957 | 1958 | 1959 | 1960 |

《乞力马扎罗的雪及其他故事集》
（*The Snows of Kilimanjaro and Other Stories*）

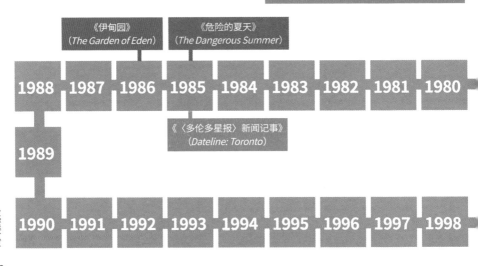

《伊甸园》
（*The Garden of Eden*）

《危险的夏天》
（*The Dangerous Summer*）

| 1988 | 1987 | 1986 | 1985 | 1984 | 1983 | 1982 | 1981 | 1980 |

《〈多伦多星报〉新闻记事》
（*Dateline: Toronto*）

1989

| 1990 | 1991 | 1992 | 1993 | 1994 | 1995 | 1996 | 1997 | 1998 |

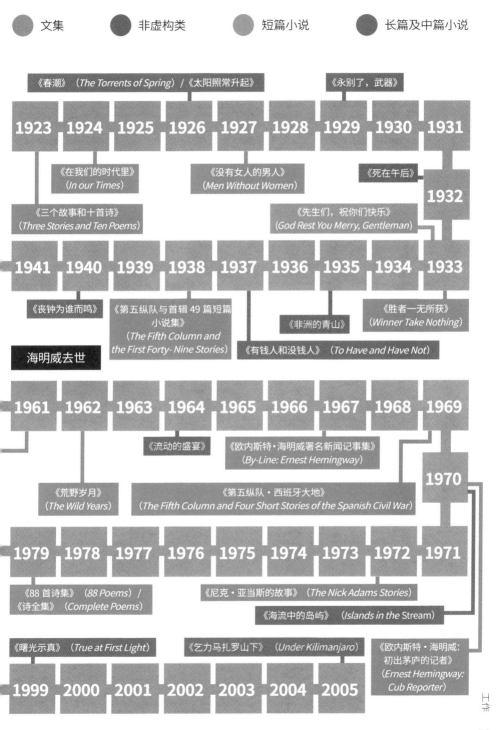

文集　　　非虚构类　　　短篇小说　　　长篇及中篇小说

《春潮》（*The Torrents of Spring*）/《太阳照常升起》　　　《永别了，武器》

1923　1924　1925　1926　1927　1928　1929　1930　1931

《在我们的时代里》
（*In our Times*）　　　《没有女人的男人》
（*Men Without Women*）　　　《死在午后》

1932

《三个故事和十首诗》
（*Three Stories and Ten Poems*）　　　《先生们，祝你们快乐》
（*God Rest You Merry, Gentleman*）

1941　1940　1939　1938　1937　1936　1935　1934　1933

《丧钟为谁而鸣》　　《第五纵队与首辑 49 篇短篇
小说集》
（*The Fifth Column and
the First Forty- Nine Stories*）　　《非洲的青山》　　《胜者一无所获》
（*Winner Take Nothing*）

海明威去世　　《有钱人和没钱人》（*To Have and Have Not*）

1961　1962　1963　1964　1965　1966　1967　1968　1969

《流动的盛宴》　　《欧内斯特·海明威署名新闻记事集》
（*By-Line: Ernest Hemingway*）

1970

《荒野岁月》
（*The Wild Years*）　　《第五纵队·西班牙大地》
（*The Fifth Column and Four Short Stories of the Spanish Civil War*）

1979　1978　1977　1976　1975　1974　1973　1972　1971

《88 首诗集》（*88 Poems*）/
《诗全集》（*Complete Poems*）　　《尼克·亚当斯的故事》（*The Nick Adams Stories*）
《海流中的岛屿》（*Islands in the Stream*）

《曙光示真》（*True at First Light*）　　《乞力马扎罗山下》（*Under Kilimanjaro*）　　《欧内斯特·海明威：
初出茅庐的记者》
（*Ernest Hemingway:
Cub Reporter*）

1999　2000　2001　2002　2003　2004　2005

工作

重要作品：
《太阳照常升起》

海明威的第一部小说《太阳照常升起》以他的西班牙潘普洛纳之旅为素材，讲述了一群旅居巴黎的英国人和美国人前往西班牙北部参加圣费尔明节的经历。在享受节日期间，这群人醉生梦死、放浪形骸，展开了错综复杂的情感纠葛。小说精准地抓住了战后巴黎青年的幻灭感，受到评论家的一致好评。他们高度赞扬海明威善于用寥寥数语描绘生动的场景以及精彩的对话。然而，海明威的朋友和家人都对这部作品大加批判，特别是他的母亲，她非常不喜欢这本书，甚至指责她的儿子是在"出卖才华""哗众取宠"。但这部小说被认为是海明威最重要的作品之一，也是他独特写作风格的典范之作。

海明威

太阳照常升起

写于：
1925—1926 年

出版于：
1926 年 10 月 22 日

出版社：
纽约斯克里布纳
父子出版公司

"一代人来，一代人往，大地永存。日出日落，太阳照常升起。"

篇首的这段文字取自《圣经》旨在为那些感到迷茫失落的人明方向——"尽管一切似乎都有希望，但明天太阳会再次升起"

第一次印刷：
5 090 册

共 **19** 个
章节

售价：
2 美元

主题：

- 迷惘的一代
- 男性的不安全感
- 性与爱
- 运动
- 自然
- 身份
- 宗教

改编：

- 电影（1957、1984）
- 歌剧（2000）
- 戏剧（2010）
- 芭蕾（2013）

名言名句

"你们都是迷惘的一代。"

背景： 西班牙和法国

意象及象征
公牛和斗牛

在英国《卫报》（*The Guardian's*）
评选的"100 部最优秀的小说"中排名

第 **53** 位

关键词：酒

除了一个角色之外，小说中所有的人物
都酗酒。作为一种逃避现实的方式，借
酒消愁可以让主人公为自己的行为推诿
责任，回避他们关系中存在的问题。

海明威

1925 年，海明威在巴黎第一次见到 F. 斯科特·菲茨杰拉德，他们很快就成了朋友。菲茨杰拉德当时已是大名鼎鼎的小说家，海明威相对名气较小，但在两人的关系中，海明威占据了主动。海明威对他人作品的评论往往很负面，但他很欣赏菲茨杰拉德的《了不起的盖茨比》。当菲茨杰拉德给海明威寄去了对《永别了，武器》草稿长达 10 页的修改意见后，两人的关系开始恶化。

4 段婚姻

3 个子女

战时经历

第一次世界大战时期的救护车司机；第二次世界大战时期的战地记者

标志性作品

《老人与海》（1952）

写作风格

- 句子短小精悍
- 语言朴实有力
- 结构简练直观
- 自传体式写作

出生于

美国伊利诺伊州橡树园

海明威（1899—1961）

F. 斯科特·菲茨杰拉德

F. 斯科特·菲茨杰拉德 (1896—1940)

享年
44
岁

1926 年以后，两位作家几乎再也没见过面，海明威开始公开嘲笑菲茨杰拉德，而后声称詹姆斯·乔伊斯才是他唯一尊敬的在世作家。然而，菲茨杰拉德还是认为海明威是"我们这个时代最伟大的在世作家"。到了 20 世纪 30 年代末，菲茨杰拉德星光渐淡，而海明威正春风得意，彼时两人都在与酗酒和健康问题作斗争。1940 年，海明威给菲茨杰拉德寄去一本《丧钟为谁而鸣》，题词："以爱和尊敬的名义献给斯科特"，菲茨杰拉德则回复："这是最好的作品"。之后不到两个月，菲茨杰拉德因心脏病发作逝世。

1 段婚姻

1 个子女

战时经历

1917 年加入美国军队，从未上过战场

标志性作品

《了不起的盖茨比》（1925）
（*The Great Gatsby*）

写作风格

· 句子复杂
· 语言华美
· 自传体式写作

出生于

美国俄亥俄州米兰

重要作品：
《丧钟为谁而鸣》

海明威在古巴哈瓦那、美国佛罗里达州、爱达荷州和纽约等地辗转期间创作了《丧钟为谁而鸣》。这本书于 1940 年 10 月出版，一经面世就大获成功，在 5 个月内售出50 多万本。和他之前的作品一样，这本书也取材于海明威的亲身经历——尤其是西班牙内战。这部长篇小说的故事情节以 72 小时为背景，讲述了一位美国教授加入西班牙游击队对抗激进民族主义政权的故事。这既是一个爱情故事，也是一出悲剧。小说以海明威特有的风格——第三人称、简洁的文风，其间穿插着倒叙，如实地描绘了战争的残酷。《丧钟为谁而鸣》为海明威赢得了普利策奖的提名，是一场文学上的胜利，但同时，《丧钟为谁而鸣》毫不意外地在 1939 年至 1975 年的弗朗哥独裁统治期间被西班牙列为禁书。

海明威

丧钟
为谁而鸣

写于：
1939—1940 年

出版于：
1940 年 10 月 21 日

出版社：
纽约斯克里布纳
父子出版公司

书名取自约翰·多恩（John Donne）1624 年的作品《紧急时刻的祷告》（*Devotions Upon Emergent Occasions*）："没有人是一座孤岛；每个人都是大陆的一部分；如果一块泥土被海水冲走，欧洲就会变小，如同一座山峰，也如同一座庄园——无论是朋友的或你的；任何人的死亡都是我的损失，因为我是其中一员。所以不要问丧钟为谁而鸣，丧钟为你而鸣。"

第一次印刷：

75 000 册

共 43 个章节

售价：

2.75 美元

主题：

- 死亡
- 恐惧
- 悲剧
- 爱
- 战争
- 生命的价值
- 失去的纯真

意象及象征：

家兔和野兔

自动武器

名言名句

"世界是美好的，值得我们为之奋斗。"

改编：

- 电影（1943）
- 电视（1959、1965、2012）
- 音乐（1978）
- 歌曲（1984）
- 广播（2016）
- 芭蕾舞剧（2013）

在法国《世界报》（*Le Monde*'s）评选的"二十世纪的100本书"中排第 **8** 位

背景：

西班牙山区

关键词：

自然

小说将人类的破坏（以战争为象征）与自然界的和平（以山川和森林为象征）相对比，诠释了自然与社会的和谐共生。书中的松树林是人们逃离现实的避难所，在这里，主人公乔丹（Jordan）和玛拉（Marla）展开了一段浪漫情缘：战争时期的爱情。

像海明威那样写作

高中毕业后,海明威在《堪萨斯城星报》(*Kansas City Star*)找到了第一份工作。那是海明威生命中非常重要的时期,该报的写稿指南帮助海明威形成了他标志性的简洁明快的写作风格。与之形成鲜明对比的是威廉·福克纳(William Faulkner)等作家,他们写的句子繁复而华丽。海明威的工作背景使他能创作出真实反映当时社会情绪的优秀作品。在创作简洁而富有感召力的文章方面,海明威的天赋是无与伦比的,并最终因"他对当代文风的影响"获得了诺贝尔文学奖。

以下是一些海明威写作的方法:

冰山理论

在写作时,海明威只描写故事的 10% 到 20%,并从叙述中删除任何不必要的东西。他认为,这样剩下来的会更加有力。海明威用冰山做比喻:"移动的冰山之所以雄伟壮观,在于它只有八分之一露出水面。"他是一个简略大师。

海明威的写作句式也采用了极简主义手法。他避免使用华丽的形容词,强调动词和名词。海明威的写作圣经——《堪萨斯城星报》写稿指南的第一行这样写道:

"使用短句子。
第一段要简练。
使用充满激情的语言。
用肯定句,不用否定句。"

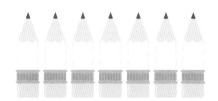

站着写作

海明威的家里有一个专门的房间用于写作，但他经常是站在卧室的一角，把打字机放在一堆书的上面。他的理由是："写作和旅行即便不能开阔你的眼界，也能让你的屁股挪个窝。因此我喜欢站着写作。"

用铅笔写作

海明威认为用铅笔写初稿就像"你可以从三种不同的角度来保证读者得到你想要表达的东西。第一种是把前一天写的读一遍；第二种是打字誊清后又改一遍；第三种是清样出来再改一遍。"写得顺手的时候，海明威一天至少可以用完 7 支铅笔。

清醒地写作

海明威嗜酒成性，因此他的文学作品中充斥着关于酒精的内容也就不足为奇了。尽管其作品离不开酒，但海明威从不在写作的时候喝酒。"写作和战斗是唯一不适合喝酒的时候。"他曾经这样说。

如果以上方法都失败了，那就试试 Hemingway App 吧！

在 2013 年开发的一款名叫 "Hemingway Editor" 的编辑器，允许用户输入文本，并对其进行分析，然后采用海明威风格进行编辑。根据该网站的介绍，它"使你的论文醒目清晰……让你的读者关注你想表达的信息，而不是你的文字。"

"写一个正确的句子。写出你所知道的最真实的句子。"

——海明威提出的克服写作障碍的建议

工作

重要作品: 《老人与海》

《老人与海》被认为是 20 世纪影响最为深远的作品之一，这部海明威的最后一部小说也是他最直白的作品。全书仅有 100 多页，把一位名叫圣地亚哥（Santiago）的古巴渔民的故事写得形象易懂。圣地亚哥与一条巨大的蓝马林鱼进行了为期三天的史诗般的战斗，同时这也是一场与贫穷、孤独和死亡的战斗，更是为了维护自己的尊严，重树他作为渔民的声誉。在小说发表前的 10 年里，海明威已经辉煌不再，许多人甚至认为他的作家生涯已经结束了，因此《老人与海》不仅仅是圣地亚哥的战斗，也是海明威的宣战。该小说最初发表在《生活》杂志上，在发行的前两天就卖出了 500 多万份，后来才出版成书。尽管最初的反响褒贬不一，《老人与海》还是获得了 1953 年的普利策文学奖和 1954 年的诺贝尔文学奖，重振了海明威的文学声誉。

海明威

老人与海

写于：
1951 年

出版于：
1952 年 9 月 8 日

出版社：
纽约斯克里布纳
父子出版公司

简洁明了的书名揭示了这本书的主题，同时也暗示了这不仅仅是一个渔夫捕鱼的故事。

第一次印刷：
50 000 册

共
5 个
章节

售价：
3 美元
$ $ $

背景：
吉巴哈瓦那

主题：

意象及
象征：
✗

改编：

名言名句
"让他认
为我比我
自己更像
个男人，
我就会更
男人。"

人物：

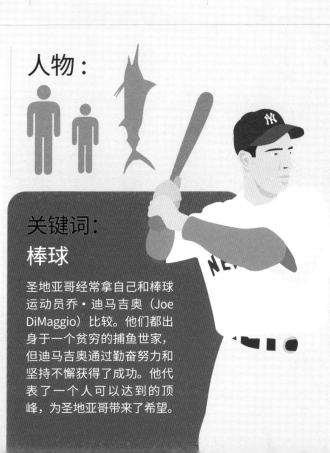

关键词：
棒球

圣地亚哥经常拿自己和棒球
运动员乔·迪马吉奥（Joe
DiMaggio）比较。他们都出
身于一个贫穷的捕鱼世家，
但迪马吉奥通过勤奋努力和
坚持不懈获得了成功。他代
表了一个人可以达到的顶
峰，为圣地亚哥带来了希望。

工作

荣誉！

1953 年，海明威获得了普利策小说奖，但很多人都认为他早就应该获此殊荣。12 年前，《丧钟为谁而鸣》得到了普利策小说委员会的支持，但被董事会拒绝了，因为他们认为它的"部分缺点大于优点"，但同时，他们也选择让那一年的普利策奖空缺。海明威获得普利策奖之后，其他奖项接踵而至，包括美国艺术文学院的功勋奖（American Academy of Arts and Letters Award of Merit）和文学界的最高荣誉——诺贝尔文学奖。海明威取得了每一个艺术家都在为之奋斗的成就——利益和名誉的双赢。

1921
军事英勇银质勋章

获奖理由：
表彰其在第一次世界大战中的英雄行为

1941
限量版俱乐部的金牌

获奖理由：
《丧钟为谁而鸣》

1953
普利策小说奖

获奖理由：
"本年度美国作家以小说的形式出版的、描写美国生活的杰出作品。"

1954
美国艺术文学院的功勋奖

获奖理由：
对其职业生涯的认可
（获得 1 000 美金的奖金）

1947

铜星勋章

获奖理由：
在第二次世界大战中
所做的战争报道

1948

意大利共和国荣誉勋章

获奖理由：
"他为意大利抛洒热血及
慷慨解囊。"

1952

古巴荣誉勋章

获奖理由：
"专业的马林鱼渔夫"

1954

**卡洛斯·曼努埃尔·
德·塞斯佩德斯勋章**

获奖理由：
古巴最高平民奖
（未给出理由）

1954

诺贝尔文学奖

获奖理由：
"他对叙事艺术的精通，特
别体现在作品《老人与海》
之中，以及他对当代文体产
生的巨大影响。"

1955

圣克里斯托巴尔勋章

获奖理由：
对古巴的热爱

丢失的手提箱

1922 年，海明威被《多伦多星报》派驻瑞士洛桑。他当时的妻子哈德莉留在巴黎，但要和他一起去阿尔卑斯山滑雪。在海明威的指导下，哈德莉打包了他过去三年里所有的作品和短篇小说，还有他第一部小说的草稿，然后前往里昂车站。把行李装上火车后，哈德莉去买了一份报纸和一瓶水，当她回到火车上时，突然发现手提箱被偷了。海明威当时还没有出版过任何作品，稿件的遗失让他非常痛苦，虽然他再也没去续写丢失的"第一部"小说。但此后不到四年，他便成了家喻户晓的人物。

11 篇
故事

海明威在《海流中的岛屿》一书中回忆箱子里的东西

1 部
小说

多首诗歌

收据

一份英国报纸
一瓶依云矿泉水

合计
12

手提箱丢失时哈德莉所买的东西

100 50 100

海明威提出 150 法郎（相当于 10 美金）的赔偿，但没有得到。

按照典型的海明威风格，这一事件也出现在作品《流动的盛宴》中，但从书中可以看出那时他对这一损失的反应已经有所缓和。

欧内斯特·海明威

04
遗产

海明威传

"也许我们这个时代再没有其他的美国作家在现代文学上留下这样的印记。海明威是一位真正的诗人。"

——阿尔弗雷德·卡津（Alfred Kazin），美国作家和评论家
《纽约时报》，1961 年

文学影响力

杰克·凯鲁亚克
（Jack Kerouac）
(1922—1969)

小说家，诗人
"避世运动"之父

亨特·S. 汤普森
（Hunter S. Thompson）
(1937—2005)

记者，"刚左"新闻主义的
创始作家

J.D. 塞林格
（J.D.Salinger）
(1919—2010)

美国长篇、短篇
小说作家

受海明威的影响：

"避世运动"相当于20世纪50年代的"迷惘的一代"。凯鲁亚克的自传体作品与海明威的写作在主题上有相似之处，都是对当时事件的真实反映。像海明威一样，凯鲁亚克书里写的酒和他喝的一样多。

受海明威的影响：

汤普森非常崇拜海明威，视海明威为英雄，曾经把《永别了，武器》的全部内容打印出来，学习海明威的写作。1964年，汤普森拜访海明威在爱达荷州的住所时，甚至从墙上偷走了一副鹿角。2005年，他自杀了，用的也是他偶像的方式。

受海明威的影响：

塞林格的文风直截了当，叙述技巧娴熟，主要描写战后生活——这也是人们对海明威写作风格的评价。在两人往来的一封信中，塞林格声称自己是"海明威粉丝俱乐部的全国主席"。

主要作品
《在路上》
(1957)

主要作品
《惧恨拉斯维加斯》
(1971)

主要作品
《麦田里的守望者》
(1951)

海明威是 20 世纪最有影响力的作家之一，他对文学的影响延续至今。海明威以短篇小说树立了声望，其直接明快的写作风格成为 20 世纪 30 年代文学的典范，让整整一代人认识到写出引人入胜的故事并不需要冗长繁复的句子。海明威之后，许多作家都在风格和主题上模仿他，如美国推理小说家雷蒙德·钱德勒（Raymond Chandler），法国作家阿尔伯特·加缪（Albert Camus）；同时海明威也间接影响了很多人，包括美国自由记者查克·帕拉尼克（Chuck Palahniuk）和美国编剧兼制片人布雷特·伊斯顿·埃利斯（Bret Easton Ellis）。另外还有一些作家，如果没有海明威，他们的作品就不会问世。

加夫瓦尔·加西亚·马尔克斯
（Gabriel García Márquez）
（1927—2014）

哥伦比亚作家
1982 年诺贝尔文学奖得主

雷·布雷德伯里
（Ray Bradbury）
（1920—2012）

美国作家、编剧

埃尔莫尔·伦纳德
（Elmore Leonard）
（1925—2013）

美国小说家，短篇小说作家，
编剧

受海明威的影响：

马尔克斯的作品严厉批评哥伦比亚和外国政治，他的保守风格既借鉴了海明威，也体现了自身的新闻行业背景。他钦佩海明威的精神，并在创作小说时运用了"冰山理论"。

受海明威的影响：

布雷德伯里写了许多短篇小说，其中有两篇是关于海明威的。身为海明威的芝加哥老乡，布雷德伯里公开承认自己深受海明威的影响，甚至去印刷厂买了一本《老人与海》的早期版本，和朋友们一起阅读。

受海明威的影响：

伦纳德是短篇小说家，但他的长篇小说才让他声名鹊起。他的创作深受海明威作品的影响，伦纳德曾经说过："我是通过模仿海明威来进行写作的"，并盛赞海明威"让写作看起来很容易"。

主要作品
《百年孤独》
（1967）

主要作品
《华氏 451 度》
（1953）

主要作品
《矮子当道》
（1990）

第一版的书籍

自海明威去世后的50年里,他的纪念品越来越有价值,许多照片、信件和私人物品被拍卖。海明威出版于 1926 年的小说《太阳照常升起》的第一版限量发行 5 090 册,2004 年在纽约苏富比拍卖行(Sotheby's)以 366 400 美元成交,创下了作者的最高纪录。那么,他与拍卖会上的同时代其他作家相比,情况如何呢?

- 弗吉尼娅·伍尔夫:《达洛维夫人》(*Mrs Dalloway*)(1925)
- 埃兹拉·庞德:《灯火熄灭之时》(*A Lume Spento*)(1908)
- T. E. 劳伦斯:《智慧七柱》(*Seven Pillars of Wisdom*)(1926)
- 约瑟夫·康拉德:《诺斯特罗莫》(*Nostromo*)(1904)
- J. D. 塞林格:《麦田里的守望者》(*The Catcher in the Rye*)(1951)
- 威廉·福克纳:《押沙龙,押沙龙!》(*Absalom, Absalom!*)(1936)
- 乔治·奥威尔:《1984》(*1984*)(1949)
- 欧内斯特·海明威:《太阳照常升起》(1926)
- F. 斯科特·菲茨杰拉德:《了不起的盖茨比》(*The Great Gatsby*)(1925)
- 詹姆斯·乔伊斯:《尤利西斯》(*Ulysses*)(1922)

1980 年拍卖 成交价:40 000 美金

1990 年拍卖 成交价:60 000 美金

2016 年拍卖 成交价:62 500 美金

2013 年拍卖 成交价:79 000 美金

2010 年拍卖 成交价:80 500 美金

2010 年拍卖 成交价:86 500 美金

2013 年拍卖
成交价: **210 000** 美金

2004 年拍卖
成交价: **366 400** 美金

2017 年拍卖
成交价: **377 000** 美金

2009 年拍卖
成交价: **460 000** 美金

2004 年拍卖的《太阳照常升起》，这个版本上有献给为海明威的两个孩子接生的医生的题词。

文学

海明威的故居和博物馆

佛罗里达州

基韦斯特

1931—1961 年
为海明威所有

3 000 平方英尺
（约279 平方米）

海明威在基韦斯特
最大的房产

在好朋友作家约翰·多斯·帕索斯的建议下，海明威和妻子保利娜在 1928 年离开欧洲，前往佛罗里达的基韦斯特。在接下来的三年里，他们居无定所地在岛上各处租房，直到 1931 年，保利娜的叔叔买下了这座位于老城中心怀特黑德街 907 号的房子，作为一份迟来的结婚礼物送给他们。这栋建于 1851 年殖民风格的房子荒芜已久，海明威花了 8 年的时间让它恢复原样，成为他写作最多产时期的理想居所。海明威 1939 年离开佛罗里达，却一直保留着这处房产，直到他去世时才被出售。1968 年 11 月 24 日，这处房产被宣布为"美国国家历史地标"，现在是一个纪念海明威的私人博物馆。

海明威斥资

20 000 美金

在花园里修建了一个游泳池。这是基韦斯特岛上的第一个游泳池。

电影取景地

1988 年，007 系列电影《杀人执照》（*Licence to Kill*）在此处取景拍摄。

买入价：8 000 美金
售出价：80 000 美金

花园里的小便池

这个小便池是海明威从他最喜欢的"邋遢乔"酒吧（Sloppy Joe's）偷来的，理由是：他在那里"买醉"花了这么多钱，他理当拥有它。

无价的艺术品

屋内墙上挂着的艺术品都来自海明威的朋友胡安·米罗、亨利·福克纳（Henry Faulkner）和巴勃罗·毕加索。

①原文 piss 为双关语，既有"撒尿"也有"买醉暴饮"的意思。——译者注

长句子

19 世纪末的文学正在发生巨变，浪漫主义被现实主义所取代，但维多利亚时代的写作风格——复杂的，通常是华丽的文风——仍然非常流行。一些作家，如查尔斯·狄更斯，以连载形式出版他们的作品，并按字数获取稿费。狄更斯的作品有着高度的描述性，他用华丽的语言、重复和列表来塑造他的故事。当海明威的作品在 20 世纪 20 年代横空出世，便以其与众不同的风格震惊文坛。新闻行业要求在有限的空间里进行清晰的讲述，海明威便利用自己的新闻业背景，用简短的暗示性句子讲述故事。他的平均句子长度只有 8 个词，他的目标是："用最好、最简单的方式把我的所见所闻写在纸上。"海明威在文坛上发出了一种独特的声音——一种经常被模仿，但从未被超越的声音。

417 个字

并不是海明威所有的句子都很短，他最长的句子有 417 个字，出现在《非洲的青山》这部小说中。

文学作品里的长句子

1 289 个字

《押沙龙，押沙龙！》
威廉·福克纳（1936）

4 391 个字

《尤利西斯》
詹姆斯·乔伊斯（1922）

13 955 个字

《无赖俱乐部》
乔纳森·科（2001）

世界纪录是 **15** 万字
《地带》（*Zone*）
马迪亚斯·埃纳尔（Mathas Enard）（2008）

每句话的平均字数

23

可是他现在已经结婚了，她责怪自己心里还藏着谄媚的话，这使她听到这个消息感到更加的痛苦。（原文23个字）

1811
简·奥斯汀
《理智与情感》

22

世上最容易的事，莫过于要一个人看上去好像心里有个伟大的秘密。（原文22个字）

1851
赫尔曼·梅尔维尔
《白鲸》

17

行善的光辉愿景往往是许多善良心灵的乐观幻想。（原文17个字）

1859
查尔斯·狄更斯
《双城记》

16

下层社会的苦难总比上层社会的苦难多。（原文16个字）

1862
维克多·雨果
《悲惨世界》

18

帽匠的话似乎没有什么意思，然而确实是英国话。（原文18个字）

1865
刘易斯·卡罗尔
《爱丽丝梦游仙境》

15

他们只能看到纯粹的表演，却永远说不出它的真正含义。（原文15个字）

1899
约瑟夫·康拉德
《黑暗之心》

14

于是我们坐在逆流而上的小舟上，奋力向前划，不然就会不停地回到过去。（原文14个字）

1925
F.斯科特·菲茨杰拉德
《了不起的盖茨比》

8

每个人只要有合适的机会都会表现得糟糕。（原文8个字）

1926
欧内斯特·海明威
《太阳照常升起》

男人，传说

海明威常说要诚实地写作。在《永别了，武器》中，他总结道，"作家的工作就是讲真话"；在《流动的盛宴》中，他说，"你所要做的就是写一个真实的句子。写出你所知道的最真实的句子。"但现实中的海明威并不是这样的，作为一个讲故事的人，他在写作和个人生活中都有夸大其词的毛病。在他的非虚构类作品和报纸文章中，海明威会运用艺术加工来丰富其叙述，特别是在叙述过去发生的事情时，他经常对事实进行加工润色，以至于让人无法分辨真假。但海明威的一生确实非同寻常，以至于人们经常把他和许多逸闻趣事联系在一起，仅仅因为这样的事情发生在他身上就不是那么荒谬。以下是海明威的一些传闻：

"转卖：婴鞋，全新。"为了打赌他能用最少的字写成一篇小说，海明威在餐馆里的一张纸巾写下了这个六字故事。

六字故事

这个六字故事的真正来源要追溯到 1906 年的一则报纸广告："出售婴儿车，从未使用过。请联系这个办公室。"

1949 年，海明威在一封信中写道，他有"一个夏延族的曾曾祖母"，在其他地方海明威还屡次提到他父亲有"印第安血统"。

土著印第安人血统

没有证据表明海明威家族有印第安的血统，但海明威一直在试图反叛他所接受的白人中产阶级教育。

在巴黎忍饥挨饿的日子

海明威刚到巴黎时，穷得只能去卢森堡花园（Jardin du Luxembourg）抓野鸽充饥。

事实是，他的妻子哈德莉继承了一笔遗产，每年都有可观的收入，而且当时美元在欧洲非常值钱。

枪杀纳粹分子

海明威在"二战"时期当战地记者的时候，他写信给朋友们，说他加入了战争并总共杀死了122名德国士兵。

毕加索在战后曾请海明威吃饭，后来他一针见血地指出："这是一个谎言。也许他杀死过很多野生动物，但他从没杀过人。如果他杀了一个人，他就不需要到处去发纪念品了。"

解放巴黎

经常有报道说，在"二战"接近尾声时的巴黎解放运动中，海明威是第一个到达巴黎的美国人。他还单枪匹马从德国人手中解放了丽兹酒店，并在吧台里一口气喝完了51杯酒。

事实是，当时巴黎城里的人已经清空了，海明威和一群美国士兵入城后径直朝丽兹酒店空荡荡的酒吧走去。而他一口气喝下51杯干马提尼酒的说法也从未得到证实。

自称　　事实

以海明威命名的东西

一种朗姆酒：
"爸爸的皮拉尔"

一个美国寝具品牌：
"海明威"家具

一种鱼：海明威新棘鲉

一条在西班牙安达卢
西亚隆达的街道

一种硬木地板：
海明威地板

各种酒店
和度假村

一个眼镜品牌：
海明威眼镜

一颗小行星：
3656 海明威

咖啡
品牌

海明威奖

一种调味酱

钢笔

国际海明威
模仿大赛

The
HUNT
GRILLING SAUCE

床垫

未完成的作品

海明威最后出版的一部作品写于 1951 年。在接下来的十年里，他一直努力重新找回自己的状态，虽然这个过程很艰难，海明威还是坚持了下来。此后余生，海明威再也没有出版过一本书，但在他临终时，人们发现了三本手稿，其中的两本《海流中的岛屿》和《流动的盛宴》是完整的作品，但另一本《伊甸园》自 1946 年开始动笔直到他逝世都没有完成。这本书最初有 1 500 多页，20 多万字，但在最终出版时被大量删减，仅剩 7 万字。出版商声称这是为了故事连贯的缘故，但受到了严厉的批评，并引发了一场关于文学遗产的辩论。海明威并不是唯一一个在死后发表作品的作家，但他的遗作完成度却是最高的。

0%　　　　　　　　**完成度**　　　　　100%

杰弗里·乔叟
（Geoffrey Chaucer）

《坎特伯雷故事集》
（*The Canterbury Tales*）

1387 年开始创作
1476 年出版

萨德侯爵
（Marquis de Sade）

《索多玛 120 天》
（*The 120 Days of Sodom*）

1785 年开始创作
1904 年出版

120 个故事完成了 24 个

写在一卷 40 英尺长的纸上

简·奥斯丁

《桑迪顿》
（*Sanditon*）

1817 年开始创作
1925 年出版

查尔斯·狄更斯

《艾德温·德鲁德之谜》
（*The Mystery of Edwin Drood*）

1870 年开始创作
1870 年出版

他在写完最后一个字 4 个月后去世

仅完成 12 节中的 6 节

马克·吐温
（Mark Twin）

《神秘的陌生人》
（*The Mysterious Stranger*）

1897 年开始创作
1916 年出版

由三份未完成的手稿编纂而成

杰克·伦敦
（Jack London）

《暗杀局》
（*The Assassination Bureau, LTD*）

1910 年开始创作
1963 年出版

由美国作家罗伯特·菲什（Robert Fish）
依据其大纲完成

F. 斯科特·菲茨杰拉德

《最后一个大亨的爱》
（*The Love of the Last Tycoon*）

1937 年开始创作
1941 年出版

半自传体小说

欧内斯特·海明威

《伊甸园》
（*The Garden of Eden*）

1946 年开始创作
1986 年出版

创作时间长达 15 年

阿尔伯特·加缪

《最后一个人》
（*The Last Man*）

1959 年开始创作
1994 年出版

最后由其女凯瑟琳（Catherine）完成

大卫·福斯特·华莱士
David Foster Wallace

《苍白的国王》
（*The Pale King*）

2000 年开始创作
2011 年出版

还没完成就自杀了

海明威的关键词

爸爸 凯彻姆 英勇勋章

潘普洛纳 圣费尔明节

枪伤

鲨鱼

奥地利战役

加拿大

特鲁德·斯泰因

游猎 自传体

第一次世界大战

诗歌

小说

冰山理论

法国

战争 冒险

《多伦多星报》

战争

芝加哥

写稿指南

橡树园

埃兹拉·庞德

巴黎

西班牙

电休克疗法

马林鱼

斯基奥

短句

拳击

子弹

海日

救护车司机

金枪鱼

作家

战争

英雄

短篇小说

普通的古巴人

《丧钟为谁而鸣》

飞机失事

猎

枪

死亡

抑郁症

《记忆

爸爸的渔船鸡尾酒

酗酒

《老人与海》

遗失的手提箱

新闻记者

瞭望 山庄 自荷州

《堪萨斯城星报》

迷惘的一代 奔牛节 通讯急件 的一代 急件 《死在午后》

第二次世界大战

皮拉尔号 苏格兰威士忌

菲德尔·卡斯特罗

诺贝尔奖 普利策奖 《太阳照常升起》 《永别了,武器》

《流动的盛宴》

威 月 枪伤

詹姆斯·乔伊斯 哈瓦那 与子达 西班牙内战

F.斯科特·菲茨杰拉德 非洲 畅销书 大胡子 钓鱼 受伤 酒精 韦斯特 基

四任妻子 小提琴 古巴 狙 拉丁区 三个孩子

巴勃罗·毕加索 利兹酒店 美国

打猎 佛罗里达 打字机 小说家 朴实的语言 航海

小传

格特鲁德·斯泰因
（1874—1946）

美国作家、诗人、艺术品收藏家、导师和赞助人，对毕加索和马蒂斯等画家的职业生涯有着很大的影响。斯泰因于1903年移居法国巴黎，曾经是海明威的密友，也是海明威第一个儿子约翰的教母。

詹姆斯·乔伊斯
（1882—1941）

爱尔兰小说家，在巴黎的时候经常在晚上和海明威一起买醉。乔伊斯总爱在酒吧与人打架，结果却老躲在比他块头大得多的朋友海明威身后。他的小说《尤利西斯》被公认为是20世纪最重要的文学作品之一。

玛葛·海明威
（1954—1996）

海明威的孙女，模特兼演员，也是第一个得到百万美元合同的模特。在生命的大部分时间里，玛葛饱受精神健康问题的折磨，并与酒瘾抗争。和她的祖父一样，她最终也走上了自杀之路。

小查尔斯·斯克里布纳
（1921—1995）

1952年至1984年间出任斯克里布纳父子出版公司的总裁兼董事长，海明威的出版商，更是海明威晚年的私人编辑。1974年，斯克里布纳编辑了《不朽的海明威》，通过此书审视海明威的作品及其哲理。

埃兹拉·庞德
（1885—1972）

美国诗人，20世纪现代主义诗坛的重要人物。庞德是海明威一生的挚友，他支持海明威的作品，并帮助编辑了海明威的早期小说。1945年，庞德因抨击美国政府被逮捕，以叛国罪的罪名被监禁了12年。

保利娜·玛丽·法伊弗
（1895—1951）

海明威的第二任妻子，记者，来自一个富有的美国家庭，曾在纽约的《名利场》（Vanity Fair）和《时尚》（Vogue）杂志工作，后保利娜搬迁至法国，为《时尚》杂志巴黎版撰稿，并在1925年与海明威相遇，1927年两人结婚。

玛丽·韦尔仕
（1908—1986）

美国作家和记者，海明威的第四任妻子。在海明威去世后，韦尔仕担任了他的文学遗产执行人，并出版了一些海明威未完成的作品。1976 年，韦尔仕出版了一本书《曾经的过去》（How It Was），详细描述了她与海明威的关系。

F. 斯科特·菲茨杰拉德
（1896—1940）

美国作家，他的作品将"爵士时代"载入史册。菲茨杰拉德在巴黎的一家酒吧遇到了海明威，从此开始了二人时而亲密时而反目的关系。由于酗酒，菲茨杰拉德在 20 世纪 30 年代两次心脏病发作，最终在 1940 年因第三次心脏病发作去世。

麦克斯韦尔·珀金斯
（1884 — 1947）

在纽约斯克里布纳父子出版公司担任了 36 年的文学编辑工作，在此期间签下 F. 斯科特·菲茨杰拉德，编辑了《了不起的盖茨比》。1926 年，珀金斯被介绍给海明威，并一直担任他的编辑，直到海明威去世。海明威把小说《老人与海》献给了他。

玛莎·盖尔霍恩
（1908—1998）

海明威的第三任妻子，一位成功的旅行作家和小说家。盖尔霍恩出生在美国密苏里州，20 世纪 30 年代移居欧洲，是第一批女性战地记者。1998 年在伦敦自杀。

伊丽莎白·哈德莉·理查森
（1891—1979）

哈德莉·理查森比海明威大 8 岁，他们结婚时海明威才 22 岁。1922 年，他们移居巴黎；1923 年生了一个儿子。1926 年，二人因海明威移情宝琳·费孚弗而离异。

约翰·多斯·帕索斯
（1896—1970）

美国小说家和艺术家，被认为是"迷惘的一代"的主要作家之一。1928 年，在帕索斯的建议下，海明威一家搬到了佛罗里达州的基韦斯特。1937 年，由于对西班牙内战的看法不同，帕索斯和海明威断绝了友谊。

 朋友

家人

 编辑

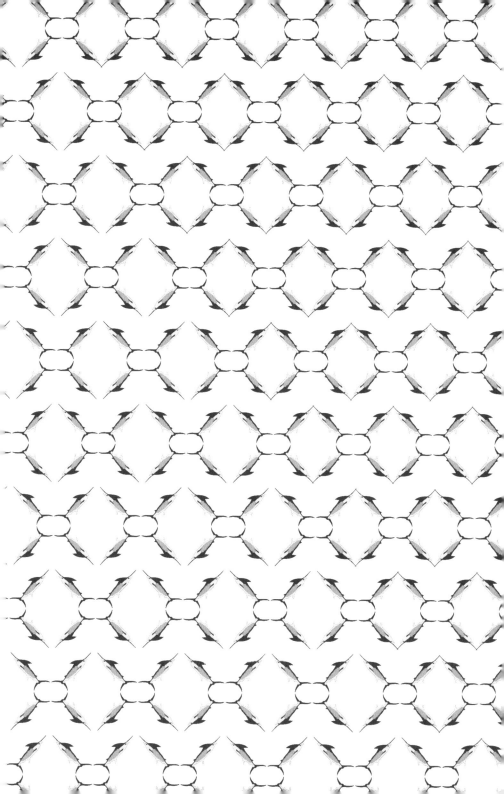

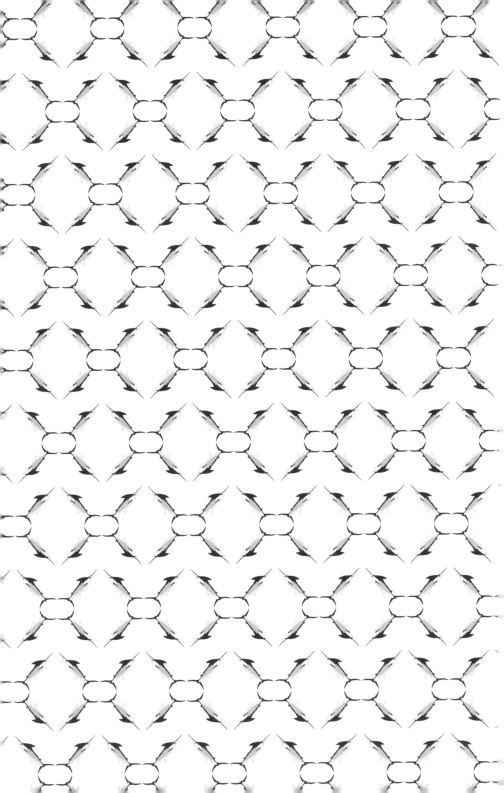

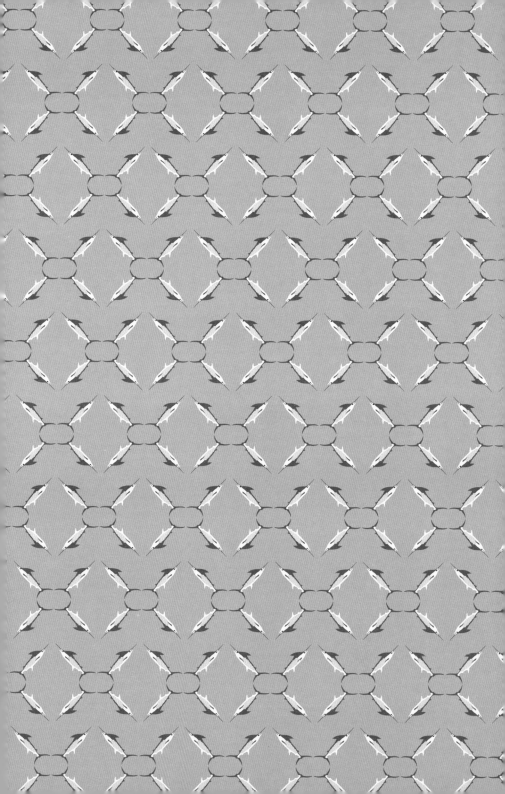